I0464684

トイレで年収倍増計画

スキマ時間にスマホでＦＸ

エリザベス三世

ISBN: 978-1514771006

目次

はじめに

　はじめまして。エリザベス三世と申します。

　本書をご購入いただき、誠にありがとうございました。

　最初にお断りしておきますが、ＦＸ（外国為替保証金取引）は「投資」や「不労所得」ではありませんし、ましてや「ギャンブル」ではありません。この点に対して大きな偏見があるように思いますが、ＦＸは限りなく「ビジネス」に近いものです。

　「ＦＸは投資ではなくビジネス」と聞いて、「えっ？」と思われた方も多いのではないでしょうか。でも、考えてみてください。ＦＸとは、商品（通貨）を安く買って高く売ることで稼ぐものです。これぞまさしく商売の原点ではないでしょうか。

　ＦＸは、ビジネスマインドをしっかり身に付けてさえいれば、必ず稼げるものなのです。

　ただし、本書では「こうすれば稼げる」といった直接的なアドバイスはしませんのでご了承ください。なぜなら、ビジネスにおいて誰もが確実に稼げる聖杯など存在しないからです。例えば、主婦向けの便利グッズを口コミで売って稼ぐのが向いている人もいれば、企業向けにプレゼンテーションを繰り返して商談をまとめるのが得意な人もいます。ＦＸも同様であり、この方法で売買すれば誰もが必ず稼げる、といったものではありません。何度も試行錯誤を繰り返しながら自分に合った手法を編み出した人だけが、勝者となることができるのです。

　どんなに素晴らしい手法を知っていてもそれを使いこなすことができないのであれば、それは未熟なドライバーがレーシングカーに乗るようなものであり、大負けして資金をすべて失うのは時間の問題です。逆に、どのような手法を使ったとしても、その根底に正しい知識があれば資金は必ず増えていきます。

　本書では、ＦＸで稼ぐために必要不可欠な知識をお伝えして参ります。読み終わる頃には、ＦＸで勝つための極意のようなものが見えてくるかも知れません。

　私がＦＸについて語ったのはこれが初めてです。ブログもやっておりませんし、私がＦＸをやって

いることはごく一部の親しい方々にしか話していません。それは、「ＦＸ」というと未だに「ギャンブル性の高い投資」と思われている方が多く、無用な誤解を避けたかったためです。

　とはいえ、会社の昼休みや飲み会の席などで、ごく当たり前のようにＦＸの話題が出る日はすぐそこまで来ています。ＦＸは、１日中パソコンに張り付いている一部の専業トレーダーだけのものではありません。実際、専業トレーダーでも、１日のうち実際にトレードを行っている時間は多くて１時間といったところです。それ以外は相場の動きを分析し、今後どのような動きをしたらトレードを行うかイメージして戦略を立てています。そのイメージ通りに相場が動かない限りトレードはしませんので、普段は相場の動きを時々チェックする以外はチャートを見る必要がありません。

　よって、多忙なサラリーマンでもちょっとした空き時間に、それこそトイレの中ででも、スマホを操って稼ぐことが可能です。年収倍増どころか、その何倍も稼ぐことが夢物語ではないのです。本書がそのきっかけとなれば、著者としてこんなに嬉しいことはありません。

第１章

ＦＸって本当に
稼げるの？

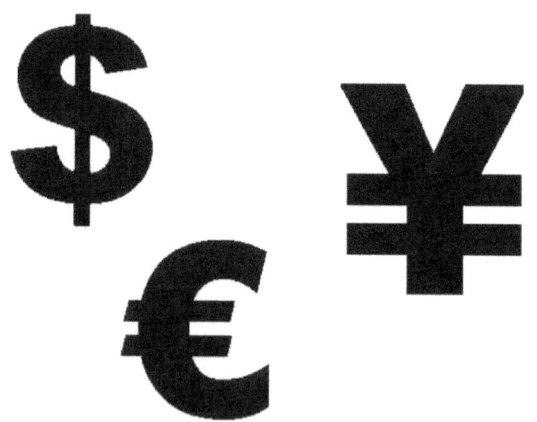

● ＦＸは負けても稼げる！

　まず初めに、あなたにどうしてもお伝えしたいこと。それは、ＦＸは「負けても稼げる」のだということです。問題はその負け方です。

　そもそも、勝ち続けることは不可能です。さまざまな手法を用いて予測の精度を上げることは可能ですが、100%正確な予測は誰にもできません。

　それなら、まずはＦＸの勝率は 5 割だと割り切ってしまいましょう。相場は上がるか下がるかの二者択一ですから当然ですね。

　そして、勝率 5 割なら必ず稼げるのです！

　そう言われても実感が湧かないことと思いますので、ここで簡単なゲームをしてみましょう。

　勝率は 5 割です。そして、負けて損切りする時の金額は、勝って利益確定する時の半分にします。例えば、「10 万円勝ったら利益確定・5 万円負けたら損切り」ということにします。

　このルールで 10 回ＦＸトレードを行うと、例えば以下のようになります：

　1 回目： 5 万円の負け → 収支マイナス 5 万円
　2 回目：10 万円の勝ち → 収支プラス 5 万円
　3 回目： 5 万円の負け → 収支プラマイゼロ
　4 回目：10 万円の勝ち → 収支プラス 10 万円
　5 回目： 5 万円の負け → 収支プラス 5 万円
　6 回目：10 万円の勝ち → 収支プラス 15 万円

　　7回目：　5万円の負け → 収支プラス 10 万円
　　8回目：10 万円の勝ち → 収支プラス 20 万円
　　9回目：　5万円の負け → 収支プラス 15 万円
　10回目：10 万円の勝ち → 収支プラス 25 万円

　ここでは勝ちと負けが交互になっていますが、勝ちや負けが何回か続いたとしても、全体で勝ちが 5 回・負けが 5 回であれば、10 回トレードを行った後は 25 万円稼げている計算になるのです。
　これって結構、目からウロコの事実ではないでしょうか？

● なぜ損する人が多いのか

　理論上は必ず勝つ筈のＦＸ。

　ところが現実には、稼いでいるＦＸトレーダーは全体のほんの 1〜2 割であり、残りの 8〜9 割は損失を出しているのが実情です。

　さらに、何年も稼ぎ続けているＦＸトレーダーとなると、全体のほんの数％といったところです。

　ＦＸの世界ではなぜ、損失を出している人のほうが圧倒的に多いのでしょうか。

　それは、人間の感覚は意外といい加減であるため、表現にも大きく左右され、正しい判断ができないためです。

　例えば、「5 回中 3 回は成功する」（強気な表現）と「5 回中 2 回は失敗する」（弱気な表現）とでは、実際にはまったく同じことを言っているにもかかわらず印象が異なるため、それに対して冷静に判断しないと同じ行動をとることができなくなります。

　また、10,000 円あるとして、以下のうちどちらかを選ばなければいけないとしたら、あなたはどちらを選びますか？

　● 10,000 円のうち、確実に 7,000 円失う
　● 75％の確率で 10,000 円を全額失うが、
　　25％の確率で全く失わない

　ほとんどの人が後者を選ぶと思いますが、実際に計算してみると後者の損失の期待値は 7,500 円で

あり、前者を選んだほうが損失が少なく済むことが分かります。

　このような曖昧な感覚を当てにしている限り、正しい判断は下せません。「感覚的な判断は狂って当たり前」だということを是非、肝に銘じておいてください。それだけで判断力が数倍はアップします。

　さらに厄介なことに、人間には利益よりも損失のほうが大きく感じられる性質があります。それを心理学では「プロスペクト理論」と呼んでおり、上記の 10,000 円に関する問題においては、人間の感覚が曖昧であることに加えてこのプロスペクト理論も関係しています。

　重要な点ですので詳しく説明しますと、プロスペクト理論とは、利益が目の前にあるときは利益よりもリスク回避を優先し、損失が目の前にあるときは損失を回避しようとする人間の感情を表しています。そのため、利益は小さく、損失は大きくなる傾向があります。

　例えば、10,000 円で仕入れた商品にプレミアムが付き、13,000 円の値段が付いたとします。もっと値上がりしたら売ろうと思っていたところ、その後11,000 円まで値下がりしてしまったため、慌てて売りました。すると、実際には 1,000 円の利益なのですが、感情的には 2,000 円損した気分になってしまいます。そのため、次回からちょっとでも値上がりしたらすぐに売ってしまう傾向が強くなります。

　一方、10,000 円で仕入れた商品が 9,000 円に値下がりしてしまったとします。仕入れた値段に戻るまで待とうと思っていたところ、7,000 円まで値下がりしてしまいました。せめてさっきの 9,000 円

（1,000 円の損失）に回復するまで待とうと思っていたところ、さらに 5,000 円にまで値下がりしてしまい、そこで損切りしました。この経験を生かして次回から損切りが早くなればいいのですが、残念ながらそうはならずに次も同じ失敗を繰り返す傾向があります。

　その結果として、損失は大きく利益は小さくなってしまいます。これがプロスペクト理論です。思い当たる方も多いのではないでしょうか。

　そこで、意図的にプロスペクト理論の逆を行うことが必要になります。つまり、努めて損失は早く確定させ、利益は伸ばすようにするのです。

　それを心がけるだけで、損失は小さく、利益は大きくなります。

　ＦＸで資金をすべて失ってしまうのは、「絶対に負けたくない」という心理が働くことによって、極限状態になるまで負けを避けようとしてしまうためです。その結果、コツコツ勝ってドカンと負けてしまう、「コツコツドカン」のパターンに陥ってしまいます。

　必要なのは、コツコツ勝ったり負けたりしながら、たまにドカンと大勝ちすることなのです。それが稼いでいるトレーダーの正しい「コツコツドカン」です。

　それでは、コツコツ勝ったり負けたりしながらたまにドカンと大勝ちするには、どうすれば良いのでしょうか。

　何も特別な魔法がある訳ではありません。ＦＸでは負けることもあることを理解して、淡々とトレードをこなしていけば、大きく勝つタイミングが必ず訪れます。

　この「淡々と」というのがポイントです。アツくなってしまうと暴走して、ドカンと負けてしまいます。負けが続くということは、その時の相場に対して自分の手法が機能していないということですから、そんな時は負け分を取り戻そうとするのではなく、むしろ休んでください。プロスペクト理論の逆、つまり「損は小さいうちに確定させ、利益は大きく伸ばす」を心がけることは、言うまでもありません。

● どうやって始めたらいいの？

　ここまで読んで、ＦＸにチャレンジしてみたい気持ちが湧いて来ましたでしょうか。
　それでは早速、以下の流れで準備をしたいと思います（既にご経験があればここは読み飛ばして、次の章に進んでください）：
　　１．　資金の準備
　　２．　ネット環境の整備
　　３．　デモトレード
　　４．　口座開設・入金

【１．資金の準備】
　まずは 10 万円の資金を準備しましょう。ＦＸ取引会社によってはそれより少ない金額で取り引きを開始することも可能ですが、あまりにも資金が少ないと絶対に負けられなくなってしまい取り引きの難易度が上がってしまいますので、できれば 20〜30 万、少なくとも 10 万円の元手で開始されることをお勧め致します。

【２．ネット環境の整備】
　普段はスマホで取り引きできますが、口座開設はパソコンから行ったほうが簡単ですし、時間がある時にチャートを眺めて分析する際にもパソコンのほうがはるかに便利ですので、インターネットにつながっている自分専用のパソコンをお持ちであることが前提となります。

【３．デモトレード】

　早くトレードを始めて稼ぎたい気持ちは分かりますが、まずはＦＸ取引会社にデモ座を開設してみましょう。闇雲にトレードを開始しては、資金がすべて無くなるのは時間の問題です。次章のＦＸで稼ぐための３つのポイントを身につけるまでは、デモトレードを何度でも繰り返してください。

　デモトレードは、各社のウェブサイトからデモトレーダーをダウンロードすればすぐに開始することができます。そのための費用は一切かかりません。

【４．口座開設・入金】

　デモトレードで十分経験を積んだら、いよいよ実資金でのトレードが始まります。使い慣れたデモトレーダーのＦＸ取引会社で本口座も開設して、入金しましょう。

　ＦＸ取引会社は、手数料が安くて評判の良い何社かをデモ座で使い比べたうえで、ご自分の使いやすいところを選ぶのがベストです。

　とは言え、私も初心者のときは、「自分の使いやすいところって言われたって、使ったことないんだから分かんないよ！ 何社も使い比べてる暇なんかないよ！！」と思ったものです。そこで、これはあくまでも一例ですが、まずは「GMO クリック証券」や「外為オンライン」などをお勧めしています。メタトレーダーを使う場合は、「FXDD」などが初心者向きです。

　メタトレーダー（MetaTrader）とは、ロシアのMetaQuotesSoftware 社が開発した無料で使える高機

能ＦＸトレードソフトです。一般的に使用されているのが MetaTrader4 であるため、MT4 とも呼ばれています。ちなみに、最新版は MetaTrader5 ですが、MT4 と MT5 ではプログラム言語が異なるため MT5 は普及しておらず、MT5 を使用できるＦＸ取引会社も少ないため、当面はメタトレーダーと言えば MT4 で間違いありません。

　海外ではＦＸ取引といえばメタトレーダーを使用するのが一般的ですが、日本ではそれほど馴染みがないように感じます。確かに、初心者にとってはこんなに高性能である必要はないかも知れませんが、便利なツールであることは確かです。http://www.metatrader4.com/ からダウンロードできますので、興味のある方は是非チャレンジしてみてください。サイトは英語ですが、MT4 自体は日本語に対応しています。

● テクニカルとファンダメンタル

　ここで改めてお伝えしたいのですが、本書では
ＦＸにおける心構え、すなわちメンタルに比重を
置いています。テクニカルとファンダメンタルに
ついての記述がないことに物足りなさを感じまし
たら申し訳ありませんが、それだけメンタルが重
要だということです。

　テクニカルとは、相場の動きを様々な計算方法
で数値化してチャート上に表示させ、そのパター
ンを読み取ることで、次にいつ何が起こる可能性
が高いかを判断するテクニックです。確かにテク
ニカル分析に精通すれば勝率は上がりますが、相
場ではいつ何が起こるか分かりません。テクニカ
ル分析の技術を磨いて勝率が 95%にまで高まった
としても、たった 1 回の「予期せぬ動き」で負け
てしまい、資産を失ってしまっては意味がありま
せん。一方、冒頭で述べたように、勝率が 50%で
も稼ぐことは十分に可能なのです。テクニカル技
術は非常に大切ですが、メンタルがしっかりして
いてこそ有効だということを忘れないでいただけ
ればと思います。

　ファンダメンタルとは、政治経済の動きから相
場の動きを推測するテクニックです。しかしなが
ら、専門家でさえも様々に意見が分かれているも
のを、一介の市民が予測できる訳がありません。

　ただし重要な経済指標が発表される時は値動き
が大きくなりますので、注意が必要です。実際の
ところ、指標発表で値段が大きく上下した後も、
振り返ってみるとテクニカル分析通りの動きにな
っているものなのですが、初心者は重要な経済指
標が発表される前は一旦すべて決済して様子見を
したほうが無難です。

　相場への影響が大きいものとして、毎月第一金
曜の夜（夏時間では 21:30、冬時間では 22:30）に発
表される米国の雇用統計（非農業部門雇用者数お
よび失業率）などがあります。　外為どっとコムの
経済指標カレンダーなどを参考にしてみてくださ
い。注目すべきポイントは、前回値と結果との差
異ではなく、予想値と結果との差異です。今回の
結果が前回よりも悪かったとしても予想値よりも
高ければ相場は上がり、今回の結果が前回より良
かったとしても予想よりも悪ければ相場は下がる
傾向にあります。

　メンタルさえしっかりしていれば、テクニカル
分析の技術やファンダメンタルの知識が乏しくて
も十分勝つことは可能です。実際、プロトレーダ
ーの中には、テクニカルは移動平均線しか見ない
という方や、ファンダメンタルは全く気にしてい
ないという方も珍しくありません。

第2章

FXで稼ぐための
3つのポイント

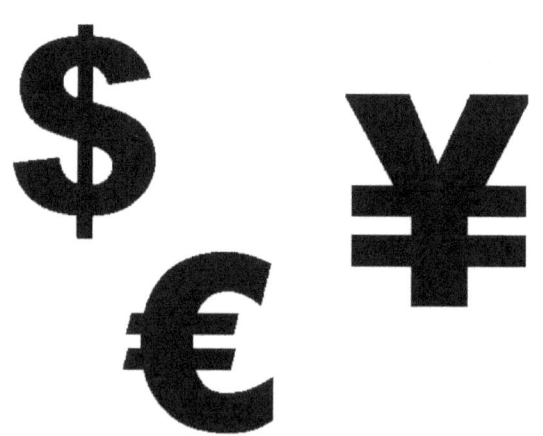

● トレードルールの確立

　まず肝に銘じておいていただきたいのは、万人向けの手法は存在しないということです。つまり、同じ手法で利益を上げる人もいれば損失を出す人もいます。
　それを知らずに、確実に勝てる手法を求めてさまざまな知識や情報を収集している人がいます。いわゆるノウハウコレクターです。けれども実際には、ノウハウを手に入れて短期的に儲けることができたとしても、長期的に稼ぐことはできません。なぜなら、実際に設けている人と同じ手法を用いたとしても、解釈の仕方によって売買のタイミングは異なってきますし、そもそも相場は刻一刻と変化するため今日有効だった手法が明日も有効であるとは限らないからです。
　ノウハウを提供している人は、日々変化する相場の状況に合わせて微調整しているものです。それができるほど深く理解するには、自分に合ったトレードルールを確立するのが遠回りなようで一番の近道です。

　まずは、1つの通貨ペアの、1つの時間足だけを見て、その動きを観察してください。日本人にはドル円が最も馴染みがあるかと思いますので、ドル円から始める方が多いようですが、もちろんユーロドルやユーロ円でも構いません。ただし、あまりマイナーな通貨は値動きが大きくなりやすく

綺麗なチャートになりにくいので避けたほうが無難です。

　時間足はあまり短いと綺麗なチャートになりにくいので、実際にトレードする時は1時間足や4時間足がメインになるかと思いますが、初めてチャートを見る方は日足から取り組んでみると分かりやすいかと思います。

　そして、相場のトレンド（上昇しているのか下降しているのか）と、抵抗帯（多くの人が意識していると思われる値）を探します。上昇トレンドであれば買い、下降トレンドであれば売りということになります。抵抗帯は、決済ポイント（利益確定または損切りを行う価格）になります。

　ＦＸの経験がある方には今さらな話かと思いますが、もしあなたが今、ＦＸで負け続けているのであれば、初心にかえってテクニカルツールを一旦すべて消したうえでローソク足と移動平均線のみを表示させ、トレンドラインとサポートラインとレジスタンスラインを引いてみてください。ラインを引くことによって、トレンドと抵抗帯が明確になります。

●ローソク足：ある一定期間の始値・終値・高値・安値を一本の棒状の図形にしたもの。
●移動平均線：一定期間の終値の平均値を折れ線グラフにしたもの。
●トレンドライン：相場のトレンド（上昇・下降・横ばい）を明確にするために引く補助線のこと。
●サポートライン：下値支持線とも言う。過去の安値同士を結んだ線のこと。これ以上は相場が下落しないと予想されるが、逆に、このラインを割

り込むとさらに大きく下落する可能性が高くなる。

●レジスタンスライン： 上値抵抗線とも言う。過去の高値同士を結んだ線のこと。これ以上は相場が上昇しないと予想されるが、逆に、このラインを抜けるとさらに大きく上昇する可能性が高くなる。

　これだけでも十分なのですが、さらに勝率を上げるためにボリンジャーバンドやRSIなどのテクニカルチャートを 1 つずつ足していくことで、自分に合ったトレードルールが確立されます。

　どうすればいいか全くアイディアがわからない場合は、プロトレーダーのブログや書籍を参考にしたり教材を購入するのも有効です。実際、稼いでいるトレーダーは常に情報収集を行っています。ただし、他人の手法をそのまま使用する場合は必ず、なぜそれが機能するのかを考えながらトレードするようにしてください。そうしないと、相場の状況が変化してそのトレードルールが機能しなくなった時に対応できなくなってしまいます。

● 資金管理・リスク管理

　もしあなたがＦＸにギャンブル性を感じている
のであれば、それは、リスク管理の方法が分から
ないからです。

　そのトレードにどれほどのリスクがあるのか分
からずに行うのであれば、それはまさしくギャン
ブルです。数年前のリーマンショックで資産を無
くした方も多いと聞きますが、リスク管理がきち
んとできていれば、どんなに大きく予想外の値動
きがあったとしても想定範囲内の損失で済むので
す。

　結論から言いますと、リスクに晒すのは自分の
資金の 2%以内にしてください。つまり、もし自分
が意図した方向と反対に相場が動いてしまった場
合、回復するのをズルズルと待つのではなく、損
失が自分の資金の 2%（資金が 10 万円であれば
2,000 円）になった時点で必ず決済するということ
です（このように、相場が思惑と反対に動いてし
まった場合に、損失を最小限に留めるために決済
して損失を確定させることを「損切り」と言いま
す）。

　エントリー（通貨の売買）を行った時点で、必
ず資金の 2%以内の範囲に損切りを設定しておき、
相場が自分のイメージと反対方向に動いた時は自
動的に損切りされるようにしてください。

　どんなに優れた手法であっても勝率 100%という

のは有り得ないため、大きすぎるリスクを繰り返せば、たとえ短期的には大きく稼げたとしても、いつか必ず破産します。

　勝率が高ければリスクが高くても大丈夫なのではないかと思いがちですが、そこに「コツコツドカン」の落とし穴があります。どういうことかと言いますと、負けたくないと思うあまり、相場が予期せぬ方向に大きく動いた時に損失を確定したくなくて損切りできなくなってしまい、負けが大きくなり、遂にはそのたった 1 度の負けで資金を全て吹っ飛ばしてしまうのです。ギャンブルの経験があれば、思い当たる方も多いのではないでしょうか。

　「それなら、全額を賭けたりしなければ大丈夫」と思われるかも知れませんが、全額を吹っ飛ばさないまでも、例えば資金が半分になってしまった場合、それを元に戻すには資金を倍にする必要がある訳です。そんな事を繰り返していれば、資金はどんどん目減りしてしまいます。

一方、とにかく資金の 2%まで負けたら損切りすると決めてしまえば、5 回連続して負けたとしても資金は 9 割以上残りますから、必ず挽回することができます。ちなみに、資金の 6%から 10%くらいまで損失が大きくなった場合は、一旦トレードを中止してトレードルールを再考してください。

　そして、まずは損益率 2 を目指してください。損益率 2 とは、勝った場合の利益が負けた場合の 2 倍ということです。つまり、損切りを 2,000 円のところに置いたら、利益が 4,000 円になるまで決済しないということです。

　慣れて来たら、損益率 3 以上（勝った場合の利

益が負けた場合の 3 倍以上）を目指します。そう
なると当然トレード可能なタイミングは少なくな
りますが、プロトレーダーでも 1 日のうち実際に
トレードを行うのはせいぜい 1 回や 2 回という人は
珍しくありません。いかに無駄なトレードを減ら
して資金管理とリスク管理を徹底するかが、稼げ
るトレーダーへの最短距離なのです。

　また、自分はＦＸでいくら稼ぎたいのかを把握
しておくことも、非常に重要なポイントになりま
す。「できるだけ多く稼ぎたい！」というのが本
音かとは思いますが、具体的な数字を設定してお
かないとトレードスタイルを確立しようがないの
です。サラリーマンであれば、まずは月収と同額
を毎月稼ぐことを目標に掲げてみてはいかがでし
ょうか。すると、毎月 20 日間トレードするとして
（ちなみに、ＦＸ市場は 24 時間稼働していますが、
週末は休みです）、1 日の目標額が分かります。
　例えば月収 20 万円を目指すなら、1 日の目標額
が 1 万円ということになります。資金 10 万円で始
めた場合は、損切りの限度額が 2,000 円ですから、
例えば勝率が 5 割で損益率を 2 とすると、1 日に 1
万円稼ぐには毎日 10 回トレードする必要があると
いう計算になります。しかし、サラリーマンが毎
日 10 回もトレードを行うのはなかなか厳しいかと
思いますので、トレード回数を減らすには、資金
を増やすか勝率を上げれば良いということです。
　このように、目標額を設定すれば課題が明確に
なり、何をすべきかが分かって来ます。

● トレードノートの重要性

　自分のトレードの記録は、必ず付けておきましょう。形式は自由です。むしろ、形式にとらわれずに気が付いたことをどんどん書き込んでいくうちに、自分が勝ちやすいパターンや負けやすいパターンが見えて来ます。また、自分の実力を客観的に見ることができるため、自信過剰になることもなくなり、現実的な判断ができるようになります。さらに、ＦＸ仲間と意見交換をする際にも、貴重な資料となります。

　例えば、トレードごとに以下の項目を記録しておくと良いかと思います。チャートも添付しておけば完璧です。

1. 日時
2. 通貨ペア
3. 売/買
4. エントリー価格
5. 決済価格
6. 収支
7. どのようなトレードルールに沿って行ったのか
8. イメージ通りにトレードできたか
9. その他、気づいた点

　さらに週末と月末には、例えば以下のように集計します。

1. 収支
2. トレード回数
3. 勝率
4. 損益率
5. 気づいた点
6. 来週（来月）の目標

「気づいた点」というのは、「今週は残業が多くて疲れていた」でも、「今週は昼休みに用事が入りがちで、夕方にトレードしていた」でも、「妻が発熱」でも、何でも構いません。すると後で見返した時に、「疲れている時は負けが多い」「夕方にトレードすると値動きが大きかった」「家事に時間を取られていた時のほうが勝率が高いようだ」等々、気づくことが山のようにあります。
　トレードノートはどんな素晴らしい教材にも勝る、自分専用のテキストなのです。

※ 自動売買について

　実は、私がＦＸに興味を持ったきっかけは、自動売買（システムトレード）でした。自分でＦＸトレードをするのは難しそうだけれど、自動売買とやらを利用して、定期預金感覚で預けっぱなしで資金がどんどん増えていくなら楽チンでいいなぁと思い、いろいろ調べてみたのです。

　結論から申し上げますと、評判の良い EA を導入してあとは放ったらかしておけば資金が増える、というものではありませんでした。なぜなら、あらゆる相場に対して万能に機能する EA は存在しないからです。自動売買を利用する場合でも、ＦＸトレードに対する知識と経験が必要になります。

　自動売買を行うには、MT4（メタトレーダー）というソフトに EA（エキスパート・アドバイザー）というプログラムファイルをインストールして、ＦＸ取引口座につなぎます。MT4 は無料ですが、EA には無料のものと有料のものがあります。

　有料の EA にはかなり精度の高いものもありますが、それでも、1 つの EA だけで資金を運用するのはギャンブルと同じです。短期的（3 ヶ月位）であれば 1 つの EA だけで大きく勝てることも珍しくありませんが、長期的に(1 年以上) 安定して利益を出している EA はないと言っても過言ではありません。何も考えずに EA 任せにしていると、相場状況が変わった途端に資金が一気に吹っ飛びます。継

続的に稼ぎ続けるためには、異なった設計思想の
EA を複数用意しておき、各 EA の原理をしっかり
と理解したうえで、相場状況に応じてどの EA が最
適かを判断する能力が必要なのです。そこまで来
ると、最初から自分でトレードを行うのとほとん
ど変わりはありません。

　今の相場の流れを分かったうえで、それに適し
ていると思われる EA を利用してみるのも悪いこと
ではありませんが、EA 任せにせずに自分でしっか
りと経験を積んだほうが確実に稼げます。それが
分かってから、私は真剣にＦＸに取り組むように
なりました。

第3章

ＦＸで利益を
出せる人の違い

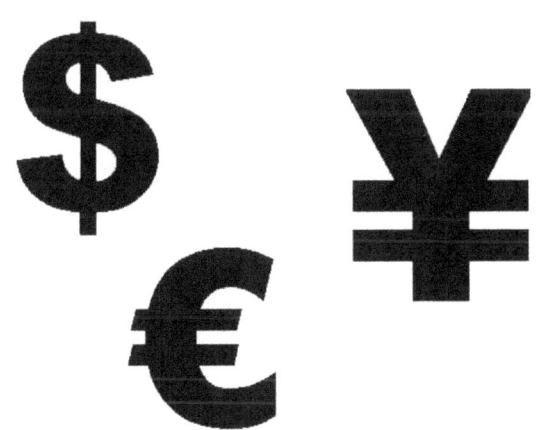

●　トイレ掃除をすると金運が良くなる？

　トイレの神様と金運の関係については、風水などの本を読んでも必ず書いてありますし、成功者はトイレにこだわりを持っている人が多いという話もよく聞きます。

　環境はその人の内面を表します。特に住環境は、運が貯まる場所となります。運を貯める空間は、清浄でなければなりません。不要なガラクタや汚れが溜まっていると、そこにエネルギーが停滞してしまい、新しい環境を受け入れることができなくなります。

「トイレがいつもピカピカだと、家族も喜ぶし自分も気持ちいいし、しかも金運までアップするなんて素晴らしい！」と思いながら、是非、今日からトイレ掃除にチャレンジしてみてください。意外なほど気分が上昇するのを実感できるかと思います。

　トイレに限らず、住環境すべてを見直すことは大変効果的です。一時期、「断捨離」という言葉がブームになり、既に定着した感がありますが、ここで改めてご説明しますと、「断捨離」とはそもそも片付けの手法ではなく、断行・捨行・離行という行法哲学（哲学を、本を読んで勉強するだけでなく、実際に行動に落とし込んで体得していくこと）です。

　これをＦＸに応用すると、以下のように解釈す

ることができます。

【断】余計な情報を断つ（他人の意見やニュースなどの情報に左右されずに、自分の判断を信じる）
【捨】不要なテクニカルツールを捨てる（ゴチャゴチャといろんなテクニカルツールを表示されるのではなく、自分の得意なものだけに集中してシンプルに判断する）
【離】チャートへの執着から離れる（自分がトレードしやすい時間帯に集中し、それ以外は無駄なトレードをしない）

　このようにシンプルに突き詰めていくと、行動に迷いがなくなり、正確な判断ができるようになります。

● 何のためにＦＸをやるのか？

　突然ですが、もしあなたが「半年で英語ペラペラになれますか」と聞かれたらどうしますか（既に英語がペラペラの方は、ギリシャ語でも中国語でも構いません）。恐らくほとんどの方が、「そんなの無理！！」と答えると思います。

　では、「半年で英語ペラペラになったら 10 億円あげます」と言われたらどうでしょうか。「やります！！」と答える方が大半ではないでしょうか。さっきは絶対に無理だと思っていたのに、魅力的な目的が明確になるとモチベーションが上がって、できるような気になりませんでしたか。

　ＦＸも同じです。そもそも、何のためにＦＸをやるのでしょうか。ここで改めて考えてみてください。

　お金を稼ぐためであるのは間違いありませんが、稼ぐ目的が明確になっていないと、継続することが難しくなります。一方、稼ぐ目的の重要度が大きく緊急性が高いほど、実行へのエネルギーが大きくなり継続する可能性も高くなります。

　ここで注意していただきたいのは、目的には「やっていて楽しい目的」と「やらなきゃいけないと思うからやるけど何だか満たされない目的」の２種類あるということです。

　例えば、「今の年収では毎日の生活で精一杯なのでＦＸで稼ぎたい」と考えたとします。でも、

それでは何だか心が満たされません。今ＦＸをマスターしないと確実に飢え死にするという究極の状況ならともかく、あまり切羽詰まっていない場合は、新しい事を始める原動力にはならないものです。

　ところがそれを、例えば「来年の夏は家族でタイのプライベートビーチに行って綺麗な海で泳ぎながらバカンスを満喫したい」に置き換えたらどうでしょうか。ＦＸをやるのが俄然楽しくなって来ませんか。楽しければ続けられるものです。

　自分にとってモチベーションが上がる目的を見つけるヒントとして、夢を100個書き出して、そのうちお金があれば実現できるものに赤丸を付けてください。それがＦＸをやる目的となります。

　ただ、夢を100個書き出すというのは、やってみると分かるのですが意外と難しいものです。最初の 10 個くらいは簡単に書けるのですが、それ以降になるとあまり思いつかなくなる人が多いようです。それでも何とか 20 個くらいまでは書けるものですが、そのあたりまでは顕在意識の領域であると言われており、心の底から望んでいる夢というよりは、実現したらいいなぁ程度の位置付けであることが多いようです。20 個を超えたあたりから潜在意識の領域になると言われており、さらに 30 個を超えたあたりから、他の人にとっては意外と思われるような、でも自分にとっては深く納得できる事柄がいろいろと出て来ます。そして 50 個を超えたら、そこからが本番。100 個のリストのうち、後半に書いたものが本当の自分の望みであることに気付くことでしょう。

　どうしても 100 個思いつかない場合は、あなたが過去に何をやっていた時に一番ワクワクしたかを

思い出してみてください。夢中になってやったこと、「すごいね」と褒められた出来事、自分が輝いていた頃のこと・・・。きっとそれらがヒントになって、自分が本当にワクワクすることが見えて来ると思います。

　そして、もう 1 つ大切なポイントが、お金を稼ぐ手段としてＦＸを選んだ理由をはっきりさせることです。なかなか思うように勝てない時など、「こんなことなら別の副業にすれば良かった」と思うことがあるかも知れません。そんな時に、なぜＦＸなのかが明確になっていれば、モチベーションがより一層高まります。
　ＦＸのメリットとして以下のような点が挙げられると思いますので、参考になさってください：

・　ネット環境さえあれば、いつでもどこでもトレードできる
・　10 万円から始めることができて、複利の効果によって大きく資産を増やせる
・　メンタルが鍛えられて、稼ぎながら自己啓発できる
・　通貨の動きを見ることで、政治経済に興味が湧いてくる
・　ＦＸをやっている面白い仲間たちとつながることができる

● ここ一番の勝負に勝てる強さ

　どんな分野においても、成功者というのは、ここ一番の勝負に勝てる強さを持っています。それには、自分の感情をコントロールできる能力が必要です。

　ＦＸをするうえで切っても切り離せない感情に、「欲」（もっと稼ぎたい）と「恐怖心」（損したらどうしよう）があります。
ちなみに、価格が上下するのは、買い手と売り手の数が変化するからではありません。買い手と売り手の数は常に一致しており、価格は買い手の欲と売り手の恐怖によって上昇し、売り手の欲と買い手の恐怖で下降するのです。

　個人の行動を予測するのは難しいですが、集団の行動はかなり原始的であり、ある程度予測することが可能です。自分の感情がその集団行動に飲み込まれないように、群集心理を冷静に判断できる人が、ＦＸにおいて稼ぎ続けることができるのです。ちなみに、群集心理をグラフで表したものがテクニカルツールです。テクニカルツールを使用するのは、群衆の欲や恐怖心がどのタイミングでどこまで強くなるかを予測するためと言えます。

　欲と恐怖心は決して、悪いものではありません。欲があるから頑張れるのですし、恐怖心があるから無謀なトレードから身を守ることができるのです。ところが欲と恐怖心に支配されてしまうと、冷静な判断ができなくなり暴走してしまいます。

　例えば、欲にとらわれていると、相場の転換サインが見えていて利益確定するべき場面なのに「もう少しだけ利益を伸ばしてから」と思っているうちにタイミングを逃してしまって利益を吹き飛ばしてしまったり、相場が自分のイメージと反対方向に動いた時に「もしかして戻るかも知れない」と妄想を抱いて損を大きくしてしまったりします。

　恐怖心にとらわれていると、相場が上昇傾向だと分かっていても「またすぐに下がるのではないか」という思いからエントリーが遅れ、その間に価格はどんどん上昇し、その結果「乗り遅れた！」とばかりに慌てて高値でつかみ、その後で急落、というパターンになりがちです。相場が下降傾向の場合も同様で、売るべきタイミングを逃した挙句安値でつかみ、そのあと価格が急上昇、というパターンになります。さらに、恐怖心があるとせっかく利益を伸ばせる場面でも、薄利決済してしまいます。

　そのような事態を防ぐのが、トレードルールです。人間は、すべきことがはっきりしていれば自分のすべきことに意識を集中できるものです。もし欲や恐怖心にとらわれてトレードルールを守ることができなかった場合は、一旦デモトレードに戻って、そのトレードルールで必ず稼げることを実感し、自分への信頼を取り戻してください。

　動揺したり緊張したりして冷静さを失っていると、感情のコントロールができません。常にニュートラルな状態でいることが必要です。ところが、皮肉なことに「落ちつけ落ちつけ」と念じていると、緊張していることを自分で認めていることに

なり、どんどん緊張が高まってしまいます。そんな時はむしろ頭の中をカラッポにしましょう。その能力も訓練によって鍛えることができます。1 日に 15 分、決まった時間、決まった場所で、目を閉じて瞑想する習慣を身につけてください。

「瞑想」というと難しいようですが、オフィスの椅子に座ったままでも可能です。姿勢を正して目を軽く閉じ、「吸って止めて吐く」を繰り返してください。コツは、音を出さずに、吸う時に鼻からしっかり吸うことと、吐く時も鼻からしっかり吐くこと。吐ききることが理想です。吸う時間と止める時間と吐く時間は 1:2:2 の割合にしてください。例えば、5 秒吸って、10 秒止めて、10 秒吐く、といった感じです。慣れて来たら時間をどんどん伸ばしていきましょう。

　最初のうちは雑念がどんどん湧いてくると思いますが、それでも構いません。雑念が湧いているなぁと思いながら、呼吸する時に何秒なのか数を数えることに集中して、そのまま淡々と瞑想を続けてください。

　この訓練を繰り返すことによって、ここぞという時に頭の中を空っぽにしてニュートラルな状態にすることが可能になり、冷静な判断ができるようになります。

　また、予感や直勘、いわゆるカンがひらめくことも大切な要素になります。それによって、頭の中でチマチマと考えるのではなく、大きな相場の流れを感じることができるようになります。

　ここで言うカンとは、当てずっぽうでも神秘体験でもありません。それは、微妙な変化を察知できる能力であり、時間的にも意味的にもバラバラ

の情報のかけらをつなぎ合わせることができる能力です。

　そしてそのような能力は、筋肉と同じで、使えば使うほど強くなっていくのだそうです。例えば電話をとるときに「誰からだろう」と考えてみたり、エレベーターを待っている時は「どのエレベーターが最初に来るだろう」と推測してみる、といった、ちょっとしたゲームを頻繁に行うと、カンがひらめく力が鍛えられます。

● 人付き合いが大切な訳

　最後に、大切なことをお伝えさせて下さい。

　ＦＸといえば、「1 人で黙々と行う孤独な作業」というイメージが強いかと思います。

　でも、実際にＦＸで年に何千万円も稼いでいるのは、ほぼ例外なく人付き合いの上手な方々ばかりです。

　人付き合いの苦手な方々は表に出て来ないから人付き合いの上手な方々が目立つだけなのかとも思いましたが、そうとばかりも言えないようです。なぜなら、ＦＸで稼ぎたいのであれば、実際にＦＸで稼いでいる人とつながるのが一番の近道だからであり、どんな分野においても、成功している人は人付き合いに長けているからです。

　情報格差という言葉を聞いたことがあるかと思います。成功している人としていない差は、一昔前でしたら持てる富の差でしたが、この情報化社会では、物理的な富の差よりも情報力の差のほうが圧倒的な影響力を持ちます。

　それでは、情報を収集して溜め込めばいいのかというと、それも違います。なせなら、そのような有効な情報を受信するには、ラジオのように自分自身がその周波数に合っていないと受信することができないからです。つまり、いい情報をどんどん発信してくれる人たちの恩恵を受けるには、自分自身がそのような人間になる必要があるのです。

「マスターマインドグループ」という言葉を聞いたことがあるでしょうか。定期的に会って、統一した願望や目標を共有する人間の集まりのことであり、それらの人々の間では波長の合った思考のバイブレーションが行き交うことによって大きな相乗効果が生まれます。そういえば日本にも、「三人寄れば文殊の知恵」という諺がありますね。「今自分が最も頻繁に連絡を取っている 5 人の平均年収が自分の年収」と言われるのも、このマスターマインドグループの考え方によるものです。

どれほど優秀であっても、1 人の人間の能力には限界があります。成功者と呼ばれる人たちには例外なく、自分にはない知識や経験や行動力を取り入れて活用するための仲間がいます。そのような、共通の目的を持った協力集団の結成が、自分の能力以上の成果をもたらすのです。

　もしあなたに、「自分は人付き合いが苦手だから 1 人でできるＦＸで稼ごう」という思いがあったとしたら、これを機に積極的に交流の輪を広げてみませんか。

　もちろん、1 人の時間を大切にするのは悪いことではありません。私も、大勢で過ごすよりも 1 人で過ごす静かな時間のほうが好きですし、実際にトレードする時は 1 人で行います。ただし、そうしていると自分でも気づかないうちに悪い癖がついたりモチベーションが下がったりしてしまうものです。

　一方、ＦＸに限らずどのような分野においても、「マスターマインド」となる仲間を見つけることさえできれば、あなたの願望や目標の半分は達成されたも同然なのです。

おわりに

　本書を最後までお読みいただき、本当にありが
とうございました。

　今はインターネットであらゆる情報が簡単に手
に入ります。ＦＸをするうえで必要な基礎知識も、
検索すれば画像付きテキストどころか動画まで、
かなりのものが無料で公開されています。ところ
が、同じ情報を手に入れても、それを使いこなし
て稼ぐ人もいれば、大きな損失を出す人もいます。
その違いは何なのかを、本書に書き記したつもり
です。

　「はじめに」でも述べましたが、ＦＸはギャンブ
ルではありません。限りなくビジネスに近いもの
です。もっと言えば、稼ぎながら自己啓発ができ
る場であると私は考えています。

　「でもＦＸって、通貨を売買しているだけで、ち
っとも生産的じゃないよね」・・・私も以前はそ
う思っていました。確かに、稼ぐこと自体が目的
になってしまった場合はそうかも知れません。そ
こで必要になってくるのが、稼ぐ目的です。私の
人生の目的が何であるのかはまだ明確になってい

ませんが、確かなものとして、家族と幸せに暮らしたい、という願いがあります。そして仲間と一緒に、与えられた人生の使命を達成できればと思っています。ＦＸはそのための手段です。

　本書によってＦＸに対する偏見が少しでもなくなりますように。

　そして、あなたの人生がＦＸによって豊かになりますように。

エリザベス三世

www.ingramcontent.com/pod-product-compliance
Lightning Source LLC
Chambersburg PA
CBHW072313200526
45168CB00014B/1422

* 9 7 8 1 5 1 4 7 7 1 0 0 6 *